Uschi Wieck

Window Color
Die schönsten Wintermotive

Window Color – Die schönsten Wintermotive

Inhalt

4   Material und Hilfsmittel

5   Farben und Maltechnik

7   Advent, Advent

8   Süßer die Glocken...

9   Zwei dicke Freunde

10   Frohe Weihnachten!

12   In der Antarktis

13   Winterlandschaft

14   Weihnachtsschmuck

15   Morgen kommt der Weihnachtsmann

Inhalt

16 Alle Lichter brennen

19 Teddy im Festtagskleid

20 Verliebt zur Weihnachtszeit

21 Ein Schläfchen in Ehren

23 Blütengirlande

27 Von drauß' vom Walde

28 Festtagsstrauß

31 Gemalte Festtagsgrüße

24 Weihnachtsmandalas

26 Und noch ein Mandala

Material und Hilfsmittel

Wenn Sie sich an den kalten und unfreundlichen Tagen Ihre eigene bunte Farbenwelt ins Haus holen möchten, dann greifen Sie am besten zu Window-Color-Farben und zaubern damit fröhliche und stimmungsvolle Bilder auf Fenster, Spiegel, Gläser, Kacheln oder andere glatte Flächen.

Neben den Farben, die nachfolgend genauer beschrieben werden, benötigen Sie für das Malen der Bilder nur einige einfache Werkzeuge und Hilfsmittel.

Material
Folien (z.B. Prospekthüllen)
Klarsichtfolie von der Rolle
Zahnstocher
Stopfnadel
Tuch oder Krepppapier
Cutter oder kleine Schere
Wattestäbchen
Flachpinsel
Klebstreifen
Föhn (nicht zum Trocknen!)

Statt des Zahnstochers oder der Stopfnadel, die Sie für das Ausmalen kleiner Flächen oder zum Mischen der Farben verwenden, können Sie auch eine Aufwachssonde (Zahntechnikbedarf) benutzen.

Wichtig: Achten Sie bei den Folien unbedingt darauf, dass sie aus Polyethylen (PE) oder Polypropylen (PP) bestehen, denn von einer PVC-Folie können Sie die fertigen Bilder nicht mehr ablösen.

Wenn Sie möchten, können Sie auch eine Glasplatte als Malunterlage benutzen.

Farben und Maltechnik

Window-Color-Farben sind in praktischen Malflaschen im Hobby- und Bastelhandel erhältlich. Die Farben erscheinen nach dem Auftrag zuerst milchig, trocknen dann aber transparent und leuchtend aus.

Die Farben eines Herstellers sind alle problemlos untereinander mischbar. Die Trocknungszeit der Farben liegt bei etwa 24 Stunden. Die Konturenfarben trocknen schneller, in etwa acht Stunden. Achtung: Niemals einen Föhn zum Trocknen der Bilder verwenden!

Bei sehr filigranen oder großen Bildern können Sie die Zwischenräume mit kristallklarer Window-Color-Farbe ausmalen, dann ist das fertige Motiv leichter abzulösen.

Das Malen mit Window-Color-Farben ist ganz einfach. Legen Sie die gewünschte Vorlage unter oder in eine transparente Klarsichthülle. Für große Bilder benutzen Sie ein passendes Stück Klarsichtfolie (z.B. vom Blumenhändler) und spannen diese über das Motiv bzw. kleben die Folie auf dem Motiv fest, damit nichts verrutschen kann. Nun malen Sie die Motivkonturen lückenlos mit Konturenfarbe direkt aus der Malflasche auf Ihre Folie, die verstärkte Spitze berührt die Folie. Sie benutzen die Malflasche also wie einen Bleistift.

Nach ein bis zwei Stunden sind die Konturen trocken und können ausgemalt werden. Tragen Sie die Farbe aus der Malflasche in kreisender Bewegung satt bis an die Konturenlinie auf. Das ist

wichtig, damit das Motiv später beim Ablösen von der Folie nicht reißt. Zum Ausfüllen kleiner Flächen benutzen Sie einen Zahnstocher oder eine Stopfnadel.

Farben und Maltechnik

Übergelaufene Farbe entfernen Sie mit einem Wattestäbchen.

Sie können die Farben direkt aus der Malflasche und auf der Folie mischen. Dazu erst die eine, dann die andere mischen. Danach mit einem Tuch die Spitze abwischen und den Druck von der Malflasche nehmen.

Sie können auch auf die getrocknete Farbe eine zweite Farbe aufsetzen bzw. die Farben ohne trennende Kontur aneinanderlegen.

Einen Marmoreffekt erzielen Sie, wenn Sie zwei feuchte Farbschichten aneinanderlegen und einen Zahnstocher oder eine Stopfnadel durch die Farben ziehen.

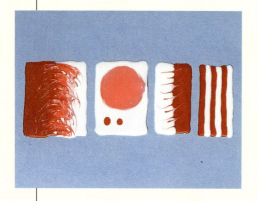

Farbe auf der Folie auftragen, dabei den Druck auf die Flasche beibehalten und die Farbe mit der Spitze kreisend

Nach etwa 24 Stunden können Sie das getrocknete Motiv von der Folie abziehen und auf jeder beliebigen glatten Fläche platzieren.

Bitte beachten Sie auch einige spezielle Tricks und Kniffe, die vorne auf der Umschlaginnenseite aufgeführt sind.

Advent, Advent

Vorlagenbogen Seite A

... ein Lichtlein brennt. Und weist dem Christkind bestimmt den richtigen Weg.

Farben

Gelb	Kerze, Flamme
Orange	Flamme
Zitronengelb	Blütenstempel
Weiß	Blüte, Flamme
Korallenrot	Schleife
Olivgrün	Blätter, Nadeln
Tannengrün	Blätter, Nadeln
Saftgrün	Nadeln
Mittelbraun	Zweige

Schwarze Konturenfarbe
Kristallklar

So wird's gemacht

Malen Sie das Motiv wie zu Beginn des Buches beschrieben. Die Tannenzweige werden ohne Konturenfarbe gemalt, die verschiedenen Grüntöne jeweils nach kurzer Trocknungszeit aufgetragen. Zum Schluss die Zwischenräume mit Kristallklar ausfüllen.

Winterzeit – Weihnachtszeit

Süßer die Glocken...
Vorlagenbogen Seite A

Weihnachtsglocken in trendigen Blau- und Weißtönen verleihen hier einer großen gläsernen Bodenvase festlichen Glanz.

Farben

Azurblau	Schleife, Glocken
Ultramarin	Glocken
Pariserblau	Glocken
Gold	Glocken
Weiß	Glocken
Olivgrün	Blätter
Hellgrün	Zweige
Tannengrün	Zweige, Blätter
Saftgrün	Zweige
Braun	Zweige

Schwarze Konturenfarbe

Kristallklar

So wird's gemacht

Malen Sie das Motiv wie zu Beginn des Buches beschrieben. Die Zweige werden ohne Konturen gemalt, die verschiedenen Grüntöne der Zweige jeweils nach kurzer Trocknungszeit aufgetragen. Platzieren Sie das fertige Motiv auf einer passenden Bodenvase oder jeder anderen glatten Fläche.

Zwei dicke Freunde

Vorlagenbogen Seite A

Eingemummelt in Mütze und Schal und mit stattlichem Zylinder stehen die beiden da und freuen sich über eiskalte Wintertage.

So wird's gemacht

Malen Sie das Motiv wie zu Beginn des Buches beschrieben und füllen Sie Hintergrund und Zwischenräume mit Kristallklar aus.

Farben

Weiß	Schneemannkörper
Azurblau	Schal, Mütze, Besen
Smaragd	Schal, Mütze, Besen
Rubinrot	Nase
Schwarz	Hut
Arktis	Boden
Frost	Boden
Schwarze Konturenfarbe	
Kristallklar	

Winterzeit – Weihnachtszeit

Frohe Weihnachten!

Vorlagenbogen Seite A

Ganz gelassen – und sogar ausgelassen – sehen diese Nikoläuse dem großen Fest entgegen. Denn alle Geschenke sind längst an die Kinder verteilt.

Farben

Hautfarbe	Gesicht
Korallenrot	Wangen
Saftgrün	Handschuhe
Schwarz	Schuhe
Rubinrot	Anzug, Schriftzug
Weiß	Anzug, Bart

Schwarze Konturenfarbe

So wird's gemacht

Malen Sie das Motiv wie zu Beginn des Buches beschrieben. Für die Wangen wird ein kleiner Tropfen Korallenrot direkt aus der Malflasche aufgetragen und in der Gesichtsfarbe verteilt.

• Tipp •

Sie können die Weihnachtsmänner auch seitenverkehrt anfertigen (wie im mittleren Fensterausschnitt gezeigt). Dazu die Vorlage mit Bleistift auf Transparentpapier übertragen, Transparentpapier mit Bleistiftmotiv nach unten auf normales Papier legen, alle Linien noch einmal nachziehen – die Konturen erscheinen nun seitenverkehrt auf dem Papier.

Winterzeit – Weihnachtszeit

In der Antarktis
Vorlagenbogen Seite B

Ja, wen haben wir denn da? So klein und möchte schon mit den Erwachsenen im Eismeer schwimmen!

So wird's gemacht

Malen Sie das Motiv wie zu Beginn des Buches beschrieben. Verwenden Sie meist silberne Konturenfarbe und setzen Sie mit schwarzer Akzente.

Farben

Arktis	Eis
Frost	Eis
Perlmutt	Eis
Hellblau	Wasser
Grau	Kleiner Pinguin
Weiß	Pinguine
Schwarz	Pinguine
Gelb	Pinguine

Schwarze Konturenfarbe
Silberne Konturenfarbe

Winterlandschaft

Winterlandschaft

Vorlagenbogen Seite B

Wer möchte einer solch verträumten Winterlandschaft nicht gerne einen Besuch abstatten?

So wird's gemacht

Malen Sie das Motiv wie zu Beginn des Buches beschrieben. Geben Sie für die Spuren im Schnee etwas Glittergold in die noch feuchte Farbe. Nach einer Trockenzeit von 24 Stunden setzen Sie in Weiß Schneeflocken auf das Bild.

Farben

Ultramarin	Himmel
Grau	Häuser
Mittelbraun	Häuser
Terracotta	Häuser
Gelb	Häuser
Weiß	Hausdächer, Schnee
Saftgrün	Tannen
Arktis	Schnee

Schwarze Konturenfarbe
Glittergold

Winterzeit – Weihnachtszeit

Weihnachts- schmuck

Vorlagenbogen Seite D

Eine romantische Winterlandschaft in klein ziert Glocke und Christbaumkugel.

Farben

Azurblau	Schleife
Ultramarin	Glocke, Schleife
Pariserblau	Schleife
Olivgrün	Blätter
Tannengrün	Blätter
Weiß	Schnee
Arktis	Schnee
Saftgrün	Tannen
Grau	Haus
Hellbraun	Kirche

Schwarze Konturenfarbe

So wird's gemacht

Malen Sie das Motiv wie zu Anfang des Buches beschrieben. Bei den Blättern wurde in der Mitte auf die trennende Konturlinie verzichtet. Setzen Sie nach einer Trockenzeit von 24 Stunden weiße Schneeflocken auf das Bild.

Die Christbaumkugel wird mit den gleichen Farben bemalt, die Schneelandschaft ist jedoch mit Hellblau (und Weiß) angelegt und der Sternenhimmel mit goldener Konturenfarbe aufgetragen.

Morgen kommt der Weihnachtsmann

Vorlagenbogen Seite D

... und wirft sich vor der großen Tanne ganz stolz in Positur. Welche Geschenke er wohl mitbringt?

Farben	
Rubinrot	Anzug
Weiß	Anzug
Hautfarbe	Gesicht
Schwarz	Gürtel, Schuhe
Saftgrün	Tanne, Geschenke
Perlmutt	Schnee auf Tanne
Kirschrot	Kugeln
Gelb	Kugeln
Violett	Geschenke
Azurblau	Geschenke, Schleifen
Zitronengelb	Geschenke
Gold	Glocken
Schwarze Konturenfarbe	

So wird's gemacht

Malen Sie das Motiv wie zu Beginn des Buches beschrieben. Beachten Sie, dass die Begrenzungen auf der Tanne mit Perlmutt, nicht mit Konturenfarbe gemalt sind.

Winterzeit – Weihnachtszeit

Alle Lichter brennen

Vorlagenbogen Seite B

Und das nicht nur am Weihnachtsbaum, sondern wie hier auch mal auf einer zur Vase umfunktionierten Milchkanne.

So wird's gemacht

Malen Sie die Motive wie zu Beginn des Buches beschrieben. Alle Kerzen können

Rote beschriftete Kerze

Farben
Rubinrot
Goldene Konturenfarbe

Gelbe beschriftete Kerze

Farben
Gelb
Orange
Schwarze Konturenfarbe
Goldene Konturenfarbe

Kerze mit Blüten

Farben
Weiß
Saftgrün
Olivgrün (Blütenstempel)
Schwarze Konturenfarbe

nach den drei als Vorlage abgebildeten Formen gemalt werden.

Auf den dicken Kerzen wird die Schrift nach etwa 24 Stunden Trockenzeit mit Konturenfarbe aufgetragen.

Die Konturen der weißen Blüten auf der grünen Kerze werden ebenfalls nach dem Trocknen mit Konturenfarbe aufgemalt, Gleiches gilt für die weißen, schwarzen und goldenen Punkte auf der blauen Kerze.

Alle Lichter brennen

Winterzeit – Weihnachtszeit

Kerze mit Schleifen

Farben
Rubinrot
Weiß
Schwarze Konturenfarbe

Weiße Kerze mit Winterlandschaft

Farben
wie bei »Weihnachtsschmuck« Seite 14

Blaue Kerze

Farben
Azurblau
Ultramarin
Weiß
Goldene Konturenfarbe
Schwarze Konturenfarbe

Flammen

Farben
Orange
Gelb
Weiß
Schwarze Konturenfarbe (Docht)
Kristallklar

Die Winterlandschaft ist ein verkleinertes und reduziertes Motiv des »Weihnachtsschmucks« auf Seite 14.

Für die Flammen werden die Farben direkt aus der Flasche auf die Folie gesetzt und mit einem Zahnstocher gemischt. Der Lichtschein wird mit einzelnen farbigen Strichen gemalt und mit Kristallklar ausgefüllt.

Teddy im Festtagskleid

Vorlagenbogen Seite C

Ein Nikolaus, den sicher alle Kinder für ihr Zimmer haben möchten.

So wird's gemacht

Malen Sie das Motiv wie zu Beginn des Buches beschrieben.
Mit Ausnahme der Augen können Sie das Gesicht vollflächig mit der Bernstein-Farbe übermalen. Nach dem Trocknen sind die schwarzen Konturen wieder deutlich sichtbar.

Farben

Bernstein	Gesicht
Braun	Ohren
Rubinrot	Anzug
Weiß	Anzug

Schwarze Konturenfarbe

Winterzeit – Weihnachtszeit

Verliebt zur Weihnachtszeit

Vorlagenbogen Seite B

Auch Fische passen sich farblich der Jahreszeit an, zumal wenn sie verliebt sind und gemeinsam Weihnachten feiern.

Farben
Rubinrot
Weiß
Smaragd
Ultramarin
Azurblau (Auge roter Fisch)
Schwarze Konturenfarbe

So wird's gemacht

Malen Sie das Motiv wie zu Beginn des Buches beschrieben. Die Zahl und Farben der Herzen können Sie ganz nach Belieben gestalten.

Ein Schläfchen in Ehren

Ein Schläfchen in Ehren
Vorlagenbogen Seite C

*Nach getaner Arbeit ist gut Ruhn.
Ob der Nikolaus bis zum nächsten
Weihnachtsfest durchschläft?*

So wird's gemacht

Malen Sie das Motiv wie zu Beginn des Buches beschrieben. Verwenden Sie für die Decke ganz beliebige Farben, damit sie schön bunt wird und setzen Sie auch Akzente mit Glittergold.

Farben

Rubinrot	Mütze, Anzug
Hautfarbe	Gesicht
Kirschrot	Wangen
Ultramarin	Bett
Azurblau	Bett
Gelb	Sterne
Glittergold	Handschuh

Schwarze Konturfarbe
beliebige andere Farben

Winterzeit – Weihnachtszeit

Blütengirlande

Vorlagenbogen Seite C

Was könnte einladender und festlicher sein als eine Blütengirlande am Fenster – oder auch mal auf einem hübschen Gefäß.

Farben

Tannengrün	Blätter
Olivgrün	Blätter
Saftgrün	kleine Blütenblätter
Rubinrot	Weihnachtsstern, Beeren
Weiß	Blüten
Gelb	Blütenstempel

Schwarze Konturenfarbe
Goldene Konturenfarbe
Glittergold
Kristallklar

goldenen Punkten, die nach dem Trocknen aufgetragen werden. Zuletzt werden die Zwischenräume mit Kristallklar ausgefüllt.

Für die Variante auf dem Eimer wird das gleiche Motiv, allerdings ohne Konturenfarbe gemalt. Beginnen Sie mit den Blüten. Lassen Sie diese kurz antrocknen und malen dann die Blätter. Die feuchten Farben laufen nicht ineinander. Auf das getrocknete Bild werden dann wieder die Punkte für den Blütenstempel aufgesetzt. Zuletzt wird das ganze Motiv mit kristallklarer Farbe ausgemalt.

So wird's gemacht

Malen Sie das Motiv wie zu Beginn des Buches beschrieben. Für die Blütenstempel der weißen Blüten wird Gelb mit etwas Glittergold gemischt, der Weihnachtsstern hat einen Stempel aus schwarzen und

Winterzeit – Weihnachtszeit

Weihnachtsmandalas
Vorlagenbogen Seite D

Träumen Sie sich in das Mandala hinein und malen Sie das Motiv als Variante auch einmal in Ihren Lieblingsfarben aus.

Farben
Gelb
Rubinrot
Ultramarin
Schwarze Konturenfarbe
Glittergold (Mittelpunkt)

Weihnachtsmandalas

So wird's gemacht

Malen Sie das Motiv wie zu Anfang des Buches beschrieben. Wenn Sie möchten, können Sie auch nur den inneren Teil des Mandala-Motivs verwenden – schon haben Sie einen hübschen Weihnachtsstern (siehe Foto links).

• Tipp •

Die Mandala-Vorlagen können Sie auch auf weißes Papier oder Transparentpapier übertragen und mit Bunt- oder Filzstiften ausmalen – eine entspannende Beschäftigung.

Winterzeit – Weihnachtszeit

Und noch ein Mandala

Vorlagenbogen Seite D

Na, Lust auf noch mehr Mandalas? Dann sollten Sie es mal mit diesem Sternenhimmel versuchen.

So wird's gemacht

Malen Sie das Motiv wie zu Beginn des Buches beschrieben. Das kleine Dreieck in der Mandala-Mitte wird mit Glittergold gefüllt.

Farben

Gelb
Rubinrot
Hellgrün
Hellblau
Azurblau
Ultramarin

Schwarze Konturenfarbe
Glittergold

Von drauß' vom Walde

Vorlagenbogen Seite C

Hoho – da schaut aber ein ziemlich neugieriger Herr durch die Zweige!

So wird's gemacht

Malen Sie das Motiv wie zu Beginn des Buches beschrieben. Die Schleife wird mit goldener Konturenfarbe angelegt. Die verschiedenen Grüntöne der Nadeln werden nach jeweils kurzer Trockenzeit hintereinander aufgemalt. Die beiden Grüntöne der Blätter sind nicht durch

Winterzeit – Weihnachtszeit

Farben	
Saftgrün	Nadeln
Tannengrün	Nadeln, Blätter
Olivgrün	Nadeln, Blätter
Mittelbraun	Zweige
Hautfarbe	Gesicht
Schwarz	Augen, Blütenstempel
Weiß	Augen, Mütze, Bart, Blumen
Rubinrot	Mütze, Beeren, Schleife, Nase, Mund
Rosa	Blütenstempel

Schwarze Konturenfarbe
Goldene Konturenfarbe
Kristallklar

Festtagsstrauß
Vorlagenbogen Seite D

Einmal nicht der Adventskranz, sondern ein Strauß schöner Blüten sorgt in diesem Motiv für weihnachtliche Stimmung.

Farben	
Tannengrün	große Blätter, Nadeln
Olivgrün	Nadeln
Saftgrün	Nadeln, Blätter
Hellgrün	Nadeln
Mittelbraun	Stiele
Kirschrot	Weihnachtsstern
Weiß	Christrosen
Gelb	Blütenstempel

Schwarze Konturenfarbe
Goldene Konturenfarbe
Kristallklar

Konturenfarbe getrennt. Für die Blütenstempel wird auf das trockene Bild Schwarz und Gold in Tupfen aufgetragen. Zum Schluss die Zwischenräume mit Kristallklar ausfüllen.

So wird's gemacht

Malen Sie das Motiv wie zu Beginn des Buches beschrieben. Jedoch erhalten nur der Weihnachtsstern und die Christrosen eine schwarze Kontur. Für die Blätter werden die beiden Grüntöne direkt nebeneinander gesetzt, die Grüntöne der Nadeln werden jeweils

Festtagsstrauß

nach kurzer Trocknungszeit aufgetragen. Der Weihnachtsstern erhält einen Blütenstempel aus schwarzen und goldenen Tupfen, die auf dem getrockneten Bild aufgetragen werden. Zuletzt Hintergrund und Zwischenräume mit Kristallklar füllen.

• Tipp •

Christrose oder Weihnachtsstern sind auch als Einzelmotive stimmungsvolle Weihnachtsboten und passen z. B. gut auf weiße oder rote Blumenübertöpfe.

Winterzeit – Weihnachtszeit

Gemalte Festtagsgrüße

Vorlagenbogen Seite C

Für alle, die's immer noch nicht gemerkt haben: Es weihnachtet sehr.

Farben
Beliebig bunte Farben

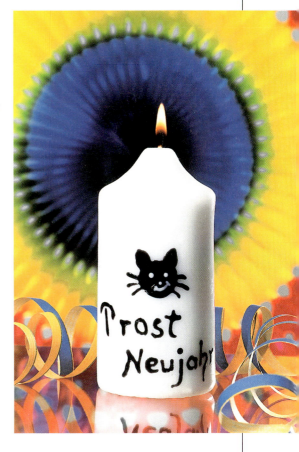

So wird's gemacht

Schreiben Sie direkt aus der Malflasche auf das Windlicht oder kopieren Sie den Schriftzug vom Vorlagenbogen und legen Sie die Kopie hinter das Glas.

Alternativ können Sie das Motiv auch wie üblich auf einer Folie malen bzw. schreiben und den Schriftzug nach 24 Stunden Trockenzeit mit Kristallklar überziehen. Benutzen Sie dazu am besten einen breiten Flachpinsel.

Sie können mit Window-Color-Farben immer auch direkt auf die Objekte malen. So entsteht dann zum Beispiel ein witziger Neujahrsgruß, wie auf dem Foto oben zu sehen. Da soll noch mal einer sagen, daß schwarze Katzen Unglück bringen!

Kreative Freizeit & Wohnen

- Basteln & Dekorieren
- Handwerken & künstlerisches Gestalten
- Malen & Zeichnen
- Handarbeiten
- Einrichten & Wohnen

Kochen & Genießen

- Food 'n' Fun
- Internationale Küche
- Früchte & Gemüse
- Backfreuden & Desserts
- LebensArt

AUGUSTUS
Ideen muss man haben

Garten & Heimtier

- Gartenpraxis im Wandel der Jahreszeiten
- Gartengestaltung
- Zimmerpflanzen
- Aufzucht & Pflege von Heimtieren

Fotografie

- Grundkurse, Lehrbücher & Workshops für Einsteiger, Fortgeschrittene und Profis
- Meisterfotografen
- Natur, Reise & Porträt
- Schwarzweiß
- Studio, Labor & Präsentation

Die Deutsche Bibliothek – CIP-Einheitsaufnahme

Window Color – Die schönsten Wintermotive :
mit Vorlagenbogen / Uschi Wieck. –
Augsburg : Augustus-Verl., 1999 (Ideenkiste)
ISBN 3-8043-0699-3

Verlag und Verfasserin bedanken sich bei der Firma Marabu für die Unterstützung bei der Verwirklichung dieses Buches. Außerdem gilt der Dank der Autorin Frau Ingrid Wagner, Frau Link, Herrn Lindner und Hans-Werner.

Das Werk einschließlich aller seiner Teile ist urheberrechtlich geschützt. Jede Verwertung außerhalb des Urhebergesetzes ist ohne Zustimmung des Verlages unzulässig und strafbar. Das gilt insbesondere für Vervielfältigungen, Übersetzungen, Mikroverfilmungen und die Einspeicherung und Verarbeitung in elektronischen Systemen.

Die im Buch veröffentlichten Ratschläge wurden von Verfasserin und Verlag sorgfältig erarbeitet und geprüft. Eine Garantie kann dennoch nicht übernommen werden. Ebenso ist die Haftung der Verfasserin bzw. des Verlages und seiner Beauftragten für Personen-, Sach- und Vermögensschäden ausgeschlossen.

Jede gewerbliche Nutzung der Arbeiten und Entwürfe ist nur mit Genehmigung von Verfasserin und Verlag gestattet.

Fotografie: Klaus Lipa, Augsburg
Lektorat: Andrea Müh
Umschlagkonzeption: Kontrapunkt, Kopenhagen
Umschlaglayout: Andreas Bernhard
Reihenkonzeption: Kontrapunkt, Kopenhagen
Layout: Anton Walter, Gundelfingen

AUGUSTUS VERLAG, München 1999
© Weltbild Ratgeber Verlage GmbH & Co. KG.

Satz: Gesetzt aus 9,5 Punkt The Sans von DTP-Design Walter, Gundelfingen
Reproduktion: GAV Prepress, Gerstetten
Druck und Bindung: Offizin Andersen Nexö, Leipzig

Gedruckt auf 135 g umweltfreundlich chlorfrei gebleichtes Papier.

ISBN 3-8043-0699-3

Printed in Germany